MÉTHODE ÉLÉMENTAIRE

DE

PLAIN-CHANT ROMAIN-GRÉGORIEN

A L'USAGE

DES ÉCOLES PRIMAIRES

PARIS. — IMP. SIMON RAÇON ET COMP., RUE D'ERFURTH, 1.

MÉTHODE ÉLÉMENTAIRE

POUR APPRENDRE FACILEMENT ET PARFAITEMENT

LE

PLAIN-CHANT

ROMAIN-GRÉGORIEN

A L'USAGE

DES SÉMINAIRES, LYCÉES, COLLÈGES ET INSTITUTIONS

ET

DES ÉCOLES PRIMAIRES

DÉDIÉE A SES ÉLÈVES

PAR L'ABBÉ MASSON

CURÉ DE COLOMBIERS, ANCIEN PROFESSEUR DE CHANT AU SÉMINAIRE DE SÉEZ

TROISIÈME ÉDITION

PARIS

JACQUES LECOFFRE, LIBRAIRE-ÉDITEUR

RUE DU VIEUX-COLOMBIER, 29

—

1864

AVERTISSEMENT

En tête de la première édition, nous avions écrit ce qui suit :

« Le principal, et même, à notre avis, le seul mé-
« rite d'un ouvrage élémentaire, consiste dans la
« brièveté et la clarté. Ce mérite peut être contesté à
« presque toutes les méthodes de plain-chant qui ont
« paru jusqu'aujourd'hui. Ces savantes et volumi-
« neuses collections sont, nous paraît-il, plus propres
« à montrer l'érudition de leurs auteurs qu'à former
« de bons élèves.

« L'opuscule que nous avons l'honneur d'offrir au
« public n'aura pas, nous l'espérons, le même incon-
« vénient.

« Entrepris d'après les invitations de Monseigneur
« Mellon Joly, Évêque de Séez, aujourd'hui Arche-

« vêque de Sens, il a obtenu l'approbation de toutes « les personnes qui nous ont fait l'honneur de lire le « manuscrit. Nous n'ajouterons qu'un mot en faveur « de notre petit ouvrage :

« En appliquant les principes que nous exposons, « nous avons fait de bons élèves, de bons chantres; et « nous osons prédire que tout bon maître qui s'en « servira obtiendra, en peu de temps, cet heureux « résultat.

« Persuadé que le chant de la religion, comme « tous ses bienfaits, comme toutes ses grâces, doit « être à la portée des petits comme des grands, nous « nous sommes efforcé de le simplifier, et d'en facili- « ter l'étude autant que possible. »

Cette première édition, primitivement et spécialement destinée au diocèse de Séez, fut accueillie avec bienveillance et faveur par les vénérables supérieurs du grand et du petit séminaire et tout le clergé de ce diocèse.

La deuxième édition parue en 1845, chez MM. Jacques Lecoffre et Ce, libraires, à Paris, fut épuisée en peu de temps, et eut l'insigne honneur d'obtenir les hautes et illustres approbations qui suivent.

Nous aurions désiré pouvoir, dans l'intérêt de notre œuvre, donner connaissance au public des puissants encouragements qui nous étaient accordés en rééditant notre Méthode immédiatement après l'écoulement des deux premières éditions; mais nous avons cru qu'il valait mieux attendre la publication des nouvelles éditions de livres de chant romain, afin d'ajouter aux avantages déjà obtenus celui de l'actualité.

Nous avons consulté et étudié ces chants nouveaux : et nous indiquons, à la fin de notre petit ouvrage, le moyen sûr et infaillible de les exécuter parfaitement.

L'Abbé MASSON.

APPROBATION

DE MONSEIGNEUR L'ARCHEVÊQUE DE PARIS

ARCHEVÊCHÉ DE PARIS

Denis-Auguste AFFRE, par la miséricorde divine et la grâce du Saint-Siége Apostolique, Archevêque de Paris,

M. l'abbé Masson ayant soumis à notre approbation une *Méthode élémentaire de plain-chant*, nous l'avons fait examiner, et, sur le compte favorable qui nous en a été rendu, nous l'avons approuvée et approuvons par les présentes. Ce petit ouvrage a paru clair, exact et adapté au but que s'est proposé l'auteur.

Donné à Paris, sous le seing de notre Vicaire général, le sceau de nos armes, et le contre-seing de notre Secrétaire, le quinze mars mil huit cent quarante-six.

JAQUEMET,
Vicaire général (1).

Par mandement de Monseigneur l'Archevêque de Paris,

P. Cruice,
Secrétaire de la Commission (2).

---

(1) Aujourd'hui Mgr l'Évêque de Nantes.

(2) Aujourd'hui Mgr l'Évêque de Marseille.

MINISTÈRE DE L'INSTRUCTION PUBLIQUE

APPROBATION

DU CONSEIL ROYAL DE L'UNIVERSITÉ

UNIVERSITÉ DE FRANCE

Extrait du Registre des délibérations du Conseil Royal de l'Université.

PROCÈS-VERBAL DE LA SÉANCE DU 12 JUIN 1846.

LE CONSEIL :

Vu l'article 80 du décret du 17 mai 1808, ainsi conçu :

« Le Conseil admettra ou rejettera les ouvrages qui auront été « ou qui devront être mis entre les mains des élèves, ou placés « dans les bibliothèques des Lycées et des Colléges ; il examinera « les ouvrages nouveaux qui seront proposés pour l'enseignement « des écoles ; »

Ouï le rapport présenté, au nom de la section des études, sur un ouvrage intitulé : *Méthode élémentaire de plain-chant*, par M. l'abbé Masson, 2e édition ;

Décide qu'il y a lieu d'autoriser l'usage de cette Méthode de plain-chant dans les écoles primaires.

Le Conseiller Chancelier de l'Université,
Signé : THÉNARD.

Le Conseiller Secrétaire général du Conseil,
Signé : GUIGNIAULT.

Approuvé :

Le Ministre de l'Instruction publique, Grand Maître de l'Université,
Signé : SALVANDY.

Pour extrait conforme :

Le Maître des Requêtes, Chef du Secrétariat,
RAVAISSON.

MÉTHODE

DE

PLAIN-CHANT ROMAIN

CHAPITRE PREMIER

EXPOSITION DES PRINCIPES DU CHANT

Toute la science du plain-chant consiste en quatre choses :

1° Connaître parfaitement les notes ;

2° Les entonner, ou chanter juste ;

3° Y joindre la lettre, ou les paroles ;

4° Enfin, chanter à l'unisson, c'est-à-dire : chanter toute sorte de pièces sur la même dominante.

CHAPITRE II

Il y a dans le chant sept notes qui se nomment UT, RÉ, MI, FA, SOL, LA, SI.

Pour se former une juste idée des notes et en acquérir la connaissance parfaite il faut nécessairement connaître :

1° Les lignes ;

2° Les clefs ;

3° Le dièse;
4° Le bémol;
5° Le bécarre;
6° La barre;
7° La double barre;
8° Le guidon;
9° La mesure ou valeur des notes ou degrés;
10° La différence d'un degré à un autre degré ou le ton des notes.

Nous ferons connaître en autant d'articles séparés, la nature et l'usage de ces différents signes ou caractères usités dans le plain-chant.

ARTICLE Ier

Des Lignes.

Les lignes sont pour l'ordinaire au nombre de quatre.

EXEMPLE :

Ces quatre lignes s'appellent une portée.

Lorsque le chant ou les notes montent ou baissent au delà de ces quatre lignes, pour éviter le changement de la clef, on ajoute une ou plusieurs lignes accidentelles.

EXEMPLE :

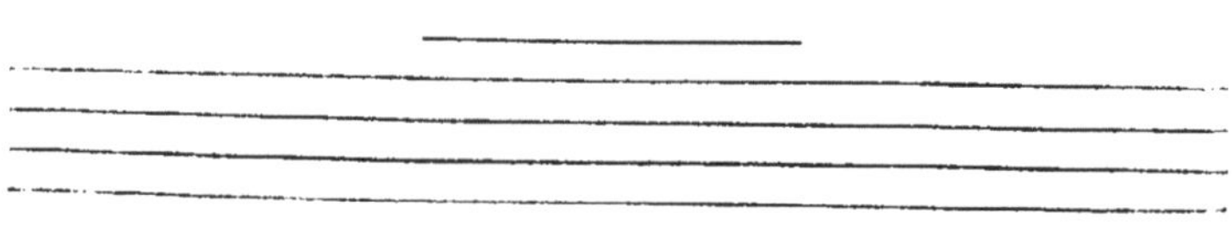

ARTICLE II

Des Clefs.

Il y a deux clefs dans le plain-chant : la clef d'*ut* et la clef de *fa*.

La clef d'*ut* est faite ainsi :

Clef d'*Ut*. Clef d'*Ut*. Clef d'*Ut*.

Comme on le voit ici, la clef d'*ut* se pose ordinairement sur la quatrième et sur la troisième ligne.

On la voit aussi quelquefois sur la deuxième ligne. Mais ce n'est qu'un embarras de plus pour les élèves, puisque par le moyen du *si* bémol et de la clef d'*ut* sur la quatrième ligne on peut obtenir le même effet.

Nous proposons aux maîtres et aux éditeurs la suppression de cette position inutile.

La clef de *fa* est faite de cette manière :

Clef de *Fa*.

Elle ne se pose que sur la troisième ligne.

Quelques éditeurs l'ont placée, à la vérité, sur la seconde ligne, mais bien à tort; puisqu'elle donne le même résultat que la clef d'*ut* sur la quatrième ligne.

Voici maintenant comment les clefs servent à faire connaître les notes :

Toute note placée sur la ligne de la clef prend le nom de cette clef.

Ainsi, pour la clef d'*ut*, on prononcera *ut* sur la ligne de la clef; *si*, *la*, *sol*, *fa*, etc., en descendant diatoniquement, c'est-à-dire en faisant une note sur chaque ligne et sur chaque interligne; *ré*, *mi*, *fa*, *sol*, etc., en montant.

De même pour la clef de *fa*, on prononce *fa* sur la ligne de la clef, *mi*, *ré*, *ut*, *si*, *la*, en descendant; *sol*, *la*, *si*, en montant.

EXEMPLE :

ARTICLE III

Du Dièse.

Le dièse, ainsi fait ♯ dans le plain-chant, sert, comme dans la musique, à hausser d'un demi-ton la note vis-à-vis de laquelle il se trouve placé.

Il est naturel dans quelques morceaux du septième ton du plain-chant, qui correspond au ton de *sol* majeur de la musique. Dans les autres tons, il n'est qu'accidentel. Il se pose sur les notes *fa*, *sol*, *ut*. Les notes *ré*, *la*, ne prennent pas le dièse: elles se trouvent suffisamment modifiées par le voisinage du *si* et du *mi*, qui pareillement ne sont jamais diésés, mais qui peuvent et doivent souvent être bémolisés, comme nous le montrerons dans l'article suivant.

ARTICLE IV

Du Bémol.

Le bémol est fait de cette manière : ♭.

Il baisse d'un demi-ton la note devant laquelle il est placé.

Le bémol est naturel dans deux des huit tons du plain-chant; le cinquième et le sixième, qui se trouvent dans le ton de *fa* majeur de la musique. Le deuxième ton est aussi tantôt en *fa* majeur, et alors il a le bémol naturel sur le *si;* tantôt en *ré* mineur, et dans ce cas, il a l'*ut* dièse naturel.

Le bémol, dans les cinquième et sixième tons, se place près de la clef, à toutes les portées, sur la note *si*. On le trouve aussi dans les autres tons, mais alors il n'est qu'accidentel. Il ne se pose que devant le *si* et le *mi*, qui sont alors baissés d'un demi-ton.

Il se rencontre dans le plain-chant beaucoup de passages où l'on doit faire le *si* bémol, quoiqu'il ne soit pas marqué. C'est une règle générale que dans les morceaux notés sur la clef de *fa*, tous les *si*, qui se trouvent au-dessus de la clef soient bémolisés, quand le chant ne monte pas diatoniquement jusqu'à l'*ut*. Dans tous les tons, on doit aussi faire le *si* bémol lorsque le chant part du *fa*, sans remonter jusqu'à l'*ut ;* pour éviter le triton, ou quarte superflue, qui blesse l'oreille, et en d'autres cas que l'usage apprendra. Mais il serait à désirer que, dans les nouvelles éditions des Graduels et Antiphonaires, on plaçât le bémol et le dièse partout où ils doivent être placés, pour éviter, aux commençants surtout, beaucoup d'embarras, et beaucoup de fautes dans l'exécution des passages où ils doivent faire l'un ou l'autre.

ARTICLE V

Du Bécarre.

L'effet du bécarre, dont voici la figure ♮, est de détruire celui du dièse et du bémol, et de remettre les notes dans l'état où elles eussent été, s'il n'y avait eu ni dièse ni bémol.

Jamais, par conséquent, il ne faut mettre de bécarre sans qu'auparavant il se soit trouvé un dièse ou un bémol.

ARTICLE VI

De la Barre.

La barre est un petit trait, ou une petite ligne verticale qui sert à partager les mesures du chant.

EXEMPLE :

Barre. Barre. Barre. Barre.

ARTICLE VII

De la Double Barre.

La double-barre indique la fin d'une phrase ou d'une pièce de chant, ou l'endroit où doit se terminer l'intonation d'une antienne, d'un répons ou autre morceau.

EXEMPLE :

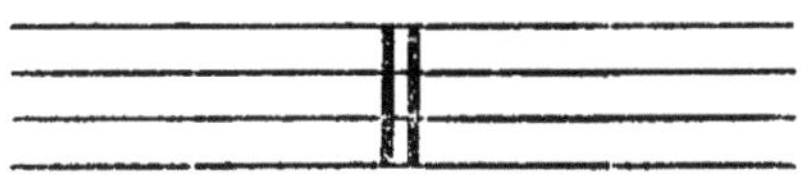

Double barre.

ARTICLE VIII

Du Guidon.

Le guidon est une petite note qui se place à la fin de chaque portée, sur la ligne où se trouve la première note de la portée suivante, ou sur l'interligne, et sert à indiquer cette note.

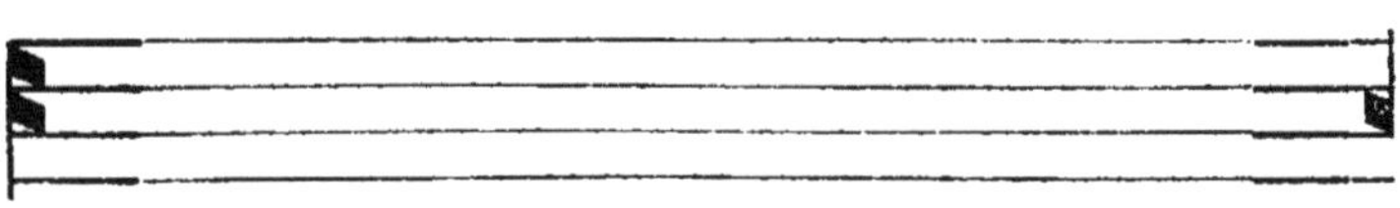

Guidon.

Nous ne parlons de ce signe que pour indiquer sa destination dans les Graduels et Antiphonaires où il se rencontre. Nous croyons qu'il serait avantageux de le supprimer comme étant absolument inutile.

Tous ces signes, toutes ces notations, toutes ces transpositions de caprice, toutes ces inutilités, toutes ces futilités, toutes ces fioritures, tous ces systèmes (d'invention moderne) de plain-chant figuré et musical, qui ne représentent de la musique que ce qu'elle peut avoir de plus difficile, et souvent même de plus abusif, doivent êre désormais supprimés et oubliés, pour toujours, si l'on veut faire cesser ces affreuses cacophonies, que trop souvent les oreilles pieuses des enfants de l'Église sont condamnées à subir.

Si vous voulez faire de la musique, dirons-nous à ces inventeurs de chant musical, faites de la bonne musique, de la musique véritablement religieuse. L'Église peut-être approuvera vos travaux. Mais, avant tout, apprenez la musique : car beaucoup de ces créations modernes n'ont pas le *sens* musical.

Mais plutôt, faisons du chant romain, du chant grégorien; du romain pur, du romain primitif, dans sa simplicité, dans sa noble et sublime simplicité, dans sa pieuse et sainte naïveté.

Les pieux et sublimes et puissants génies qui ont composé les chants délicieux du *Victimæ paschali*, du *Lauda Sion*, et autres magnifiques morceaux de la sainte Liturgie, n'auraient pas emprunté à la musique ces légèretés, si peu dignes de la simplicité et des beautés naïves de la divine parole.

Donc, revenons au point de départ, à la simplification du chant de l'Église.

Peu de principes, mais de bons principes. Des règles sûres, rigoureuses, précises et invariables.

C'est ce que nous allons essayer dans les articles suivants, comme nous croyons l'avoir fait dans les précédents.

ARTICLE IX

De la Mesure ou valeur des Notes.

Nous entendons par mesure ou valeur des notes l'espace ou la durée du temps qu'on doit mettre à chanter une note, relativement au mouvement adopté pour chaque pièce de chant.

Les anciens compositeurs du plain-chant n'ont admis, et nous n'admettons avec eux, que deux sortes de notes : la longue et la brève, ou la carrée et la losange.

Avec ces deux notes, la première doublée, triplée au besoin, caudée ou pointée, on peut obtenir toutes les modulations dont le plain-chant est susceptible. Nous le démontrons par les pièces d'exercice, écrites à la fin de notre méthode.

La note longue vaut deux temps, et la brève un temps. Voici la figure de ces deux notes :

Note longue. Note brève.

Vaut deux temps. Vaut un temps.

La note longue pointée, ou armée d'une petite barre ou queue verticale, perpendiculaire, appelée longue à queue par certains auteurs, vaut trois brèves, ou trois temps. Pour doubler la valeur d'une longue carrée, on en accole deux ensemble, qui valent quatre temps, ou quatre brèves. Pour la tripler on en réunit trois, qui valent six temps, ou six brèves.

EXEMPLE :

Longue pointée. Barrée. Double. Triple.

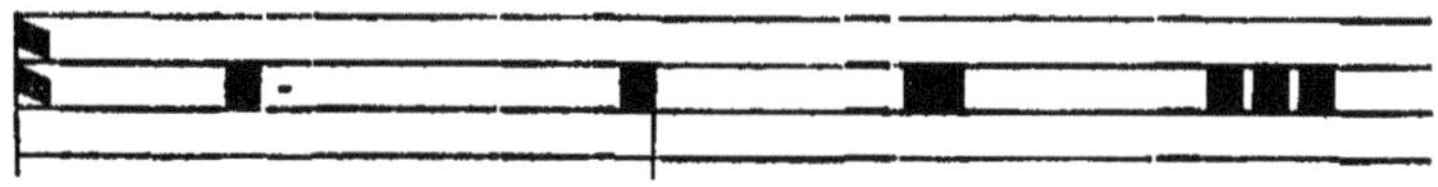

Vaut 3 temps. V. 3 t. V. 4 t. V. 6 t.

RÈGLE GÉNÉRALE.

Dans le cours d'un morceau de chant il n'est jamais permis de mettre de longue pointée ou barrée que lorsqu'elle est suivie ou précédée immédiatement d'une ou plusieurs notes brèves placées en mesure, ou encore d'une ou plusieurs barrées disposées également en mesure, ce qui se fait pour les proses et les hymnes dont la mesure équivaut à trois ou six brèves, comme on peut le voir dans les proses et les hymnes notées à la fin de cet ouvrage.

Pareillement, si l'on emploie les brèves, il faut également qu'elles soient disposées en mesure, comme on le verra ci-après.

Nous avouerons que nous n'avons trouvé nulle part ce principe établi théoriquement ; qu'il est même contraire à la manière de noter de plusieurs Graduels et Antiphonaires, où l'on trouve les longues barrées et les brèves, jetées çà et là, nous osons dire, sans discernement, dans presque toutes les pièces de chant.

Mais, pour aller au-devant de tout reproche d'innovation arbitraire, nous dirons premièrement que notre règle est conforme à la pratique de toutes les églises où l'on chante bien, et notamment de celles de

Paris, où l'office divin est célébré avec une grande pompe et d'une manière fort touchante et fort édifiante.

Nous dirons, en second lieu, qu'il est impossible au chantre, même le plus habile, d'observer la mesure marquée par ces longues et ces brèves jetées çà et là. Aussi n'en tient-on aucun compte dans les églises dont nous venons de parler.

On y tombe quelquefois dans un autre défant, qui est de faire toutes les notes égales, ou de faire des notes longues et même des tenues sur des syllabes brèves, ce qui est contraire à tout principe de bonne lecture.

On nous reprochera peut-être de vouloir introduire dans le plain-chant des principes qui n'appartiennent, dira-t-on, qu'à la musique. Ce reproche serait mal fondé; car, au fond, tout ce qu'il y a dans le chant ecclésiastique de beau, de grave, de majestueux, de positif, est conforme aux règles de la musique, établi sur les principes naturels de la musique, et nous vient de la musique, qui exista longtemps avant le chant grégorien ; de la musique qui est d'institution divine, aussi bien que la parole, et dont on se servit dès les premiers temps pour chanter les louanges du Très-Haut.

Ce qu'il y eut d'heureux dans l'invention du chant grégorien, c'est qu'il n'emprunta à la musique, qu'on avait rendue idolâtre, comme tous les arts, et qu'on avait prostituée à toutes les passions et à tous les vices, que ce qu'elle renfermait de plus simple, de plus grave, de plus digne de la majesté du vrai Dieu.

Comme la musique est un art, et qu'il n'est pas donné à tout le monde d'être artiste, ce fut encore un des grands bienfaits de la papauté de mettre le chant de la religion, qui doit rapprocher tous les hommes de la divinité, à la portée de tout le monde, comme le sont toutes les choses nécessaires ou utiles au salut éternel.

Mais nous n'hésiterons pas à dire que tout chant qui s'éloignerait des principes essentiels de la musique, fondés sur les rapports que Dieu a établis entre les sons et nos oreilles, n'aurait pas le sens commun, et serait plus propre à scandaliser qu'à édifier la piété ; voilà pourquoi nous avons réprouvé cette manière de mettre des longues barrées parmi les longues ordinaires, si elles ne sont pas placées en mesure.

Un autre défaut à éviter encore, c'est de mettre des dièses et des bémols où il n'en faut pas ; des dièses, par exemple, sur le *mi* ou sur le *si*, et des bémols sur le *ré*, ou le *fa*, ou l'*ut*.

Ce que nous regardons encore comme très-regrettable, c'est que nulle part la mesure n'est marquée, ce qui pourtant serait très-facile, et ce qui, loin de compliquer l'étude du chant, ne ferait que la rendre plus aisée, comme on pourra s'en convaincre en lisant les exercices et les pièces de chant, que nous donnerons pour exemple, et où nous aurons soin de bien marquer la mesure.

Nous savons que dans plusieurs livres de chant on a séparé par de petites barres les notes qui correspondent à chaque mot du texte latin dans le chant battu, et à chaque vers dans les hymnes et les proses; mais ce partage est bien inutile; car il y a d'abord trop de différence dans le nombre des notes, qui correspondent à chaque mot pour que les mesures soient égales comme elles doivent l'être; en second lieu, si, comme le prétendent quelques maîtres de chant, ces barres sont placées pour marquer les poses ou silences, qui ne voit qu'il serait contraire à toute règle de faire un silence à toute espèce de mot, si petit qu'il soit?

Nous n'ignorons pas qu'il est absolument nécessaire de respirer en chantant, et qu'on ne peut le faire avec une parfaite continuité de son. Mais, comme il n'y a rien de fixe sur le temps et la durée des silences, et que, d'ailleurs, nous craindrions de compliquer l'étude du chant de l'Église en y introduisant les silences usités dans la musique, ce qui n'est pas nécessaire, attendu que nous n'avons que deux sortes de notes, nous établirons comme règle générale qu'on peut respirer *ad libitum*, pourvu que la mesure n'en souffre aucunement; c'est-à-dire qu'il faudra chanter moins longtemps sur la note qui précède immédiatement le repos qu'on jugera nécessaire. C'est un moyen infaillible d'obtenir un ensemble parfait lorsque plusieurs voix chantent à la fois. Mais, lorsqu'une seule voix chante, rien n'empêche, dans le chant battu surtout, c'est-à-dire dans les introïts, graduels, antiennes et autres pièces de ce genre, de faire des repos plus ou moins fréquents et plus ou moins longs. Comme dans ce chant les notes sont toutes, ou presque toutes égales, on pourrait bien aussi se dispenser de marquer la mesure. Il n'en est pas de même dans les proses et dans certaines hymnes où l'on ne pourrait négliger la mesure sans nuire à la beauté du chant et sans le dénaturer.

Voici encore un autre moyen de trancher toute difficulté par rapport au repos nécessaire à la respiration :

Comme un chœur ne peut jamais bien chanter, sans avoir bien étudié et répété ensemble les morceaux qu'il doit exécuter, le maître ou choriste déterminera à l'avance et indiquera à tout le monde, au moment de la répétition, les endroits où les repos ou silences devront être observés.

Ajoutons, pour terminer cet article, qu'il ne faut jamais faire un silence de toutes les voix, au milieu d'une phrase mélodique : on doit soutenir le chant jusqu'à la fin.

ARTICLE X

De la distance d'un Degré à un autre Degré, ou du Ton des Notes.

Une note seule ne renferme ni ton ni demi-ton, ce n'est qu'un son. Pour faire un ton ou un demi-ton, il faut deux notes. Ainsi, d'une note à une autre note, il y a quelquefois un ton, quelquefois un demi-ton.

Par exemple, il y a :

De *ut* naturel à *ré* naturel, un ton.
De *re* — à *mi* — un ton.
De *mi* — à *fa* — un demi-ton.
De *fa* — à *sol* — un ton.
De *sol* — à *la* — un ton.
De *la* — à *si* — un ton.
De *si* — à *ut* — un demi-ton.

On répète l'*ut* pour former l'octave. Ainsi, dans une octave juste et naturelle, il y a cinq tons et deux demi-tons. Ces tons et demi-tons peuvent être déplacés par le dièse et le bémol, comme on le verra plus loin, dans les gammes que nous donnerons pour exercice.

Un demi-ton s'appelle seconde mineure, un ton seconde majeure.

Un espace qui renferme trois degrés ou trois notes s'appelle tierce. Il y en a de deux sortes : la tierce qui est composée de deux tons pleins, comme *ut*, *mi*, ou *fa*, *la*, s'appelle tierce majeure; celle qui n'a qu'un ton et un demi-ton, comme *ré*, *fa*, ou *la*, *ut*, s'appelle tierce mineure.

Un espace de quatre notes s'appelle quarte; l'espace de cinq notes, quinte; de six notes, sixième; de sept, septième; de huit, octave; de neuf, neuvième; de dix, dixième. C'est l'étendue ordinaire de la voix humaine. Quelques voix rares peuvent faire une, deux ou trois notes au delà de la dixième.

Articuler de suite ces différents espaces ou intervalles, c'est ce qu'on appelle solfier ou faire des gammes.

Or, faire des gammes, des gammes et des gammes, toujours des gammes, est d'une nécessité absolue pour apprendre à bien chanter.

Il y a deux sortes de degrés : le degré conjoint ou diatonique, et le degré disjoint. Le degré conjoint est le plus petit de tous les intervalles, tel que celui de seconde. Le degré disjoint est celui qui embrasse un plus grand intervalle que celui de seconde, comme une tierce, une quarte, une quinte, etc.

CHAPITRE III

EXERCICES POUR APPRENDRE A CHANTER JUSTE ET APPLICATION DES PRINCIPES POSÉS CI-DESSUS

Gammes diatoniques.

Gammes par secondes.

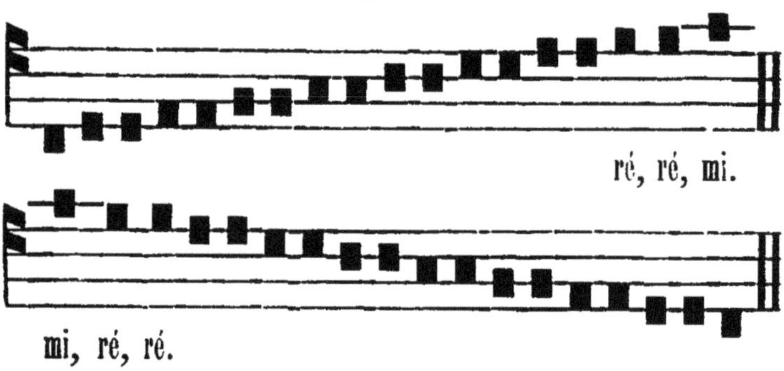

Gammes par tierces.

Les gammes qui précèdent, n'ayant ni dièse ni bémol, sont notées dans le ton d'*ut* majeur. Toute gamme majeure naturelle d'une octave renferme cinq tons et deux demi-tons. Le premier demi-ton se fait du troisième au quatrième degré, le second du septième au huitième.

Cela sera plus longuement expliqué dans les pages suivantes.

Gammes naturelles diatoniques dans le ton de FA majeur, ayant le SI bémol.

Fa, sol, la, si, ut, ré, mi, fa. Fa, mi, ré, ut, si, la, sol, fa.

Gammes par quartes.

En toute quarte régulière, il y a deux tons et un demi-ton, Voilà pourquoi la quarte de *fa* à *si* et de *si* à *fa*, doit avoir le *si* bémol : autrement il y aurait un triton, qui blesse l'oreille et qui, par conséquent, est contre nature.

D'ailleurs, la quarte commençant par *fa*, étant le

commencement d'une octave en *fa* majeur, a nécessairement le *si* bémol.

Nous faisons la même observation pour les gammes par quintes et par sixièmes.

Gammes par quintes.

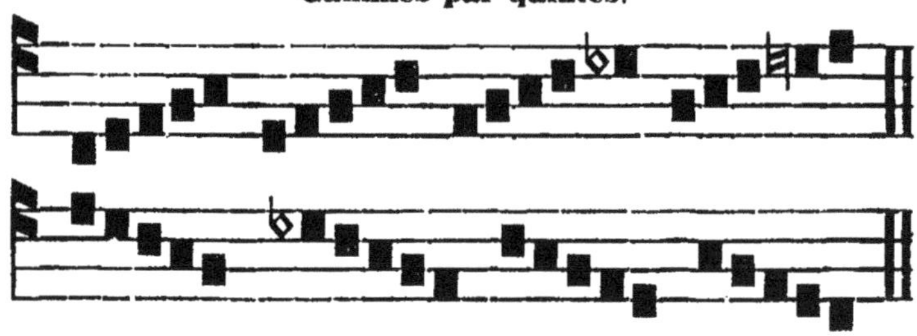

Gammes par sixièmes.

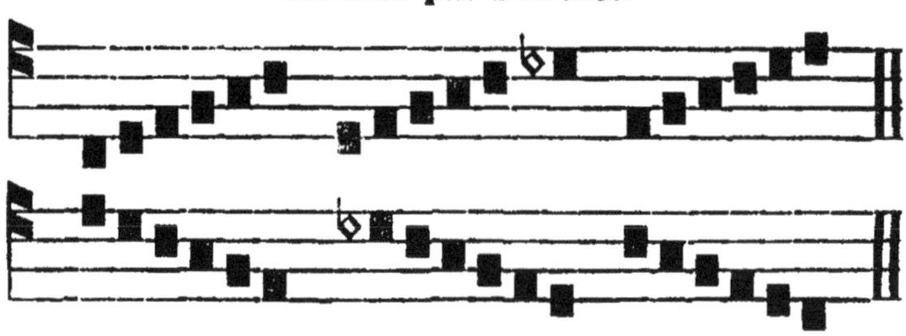

Gammes par septièmes.

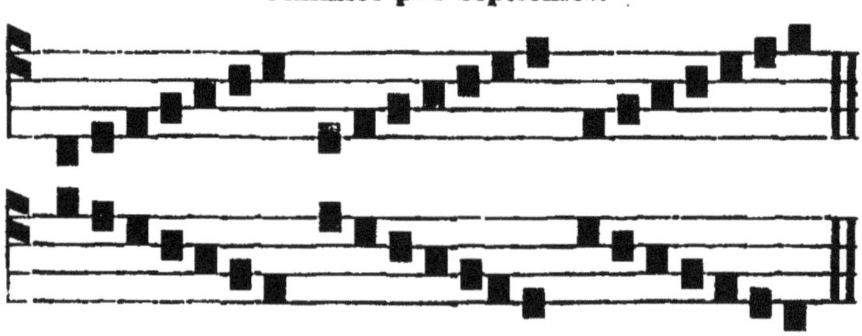

Gammes par octaves.

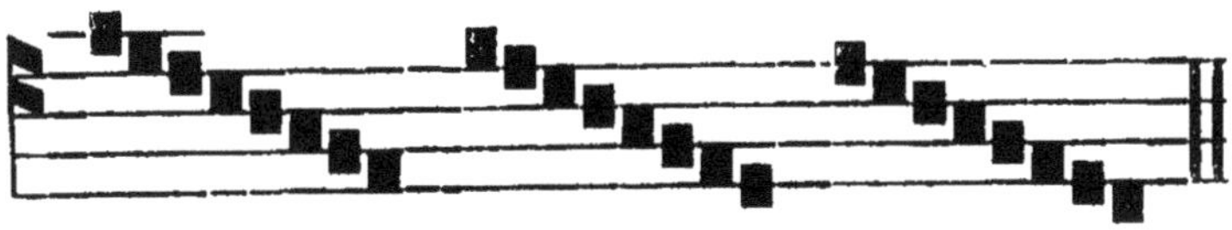

Gammes par intervalles.

TIERCES.

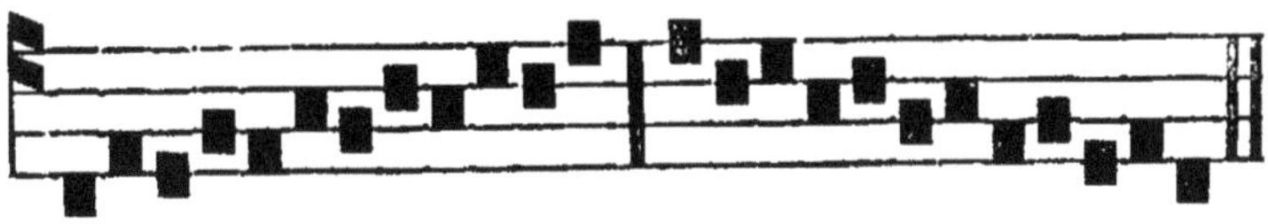

QUARTES.

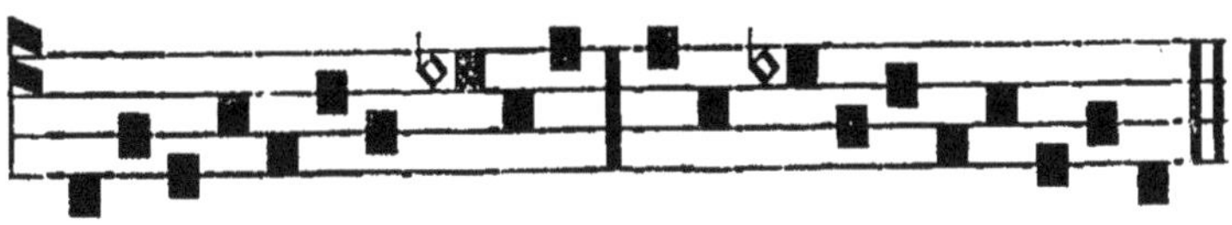

QUINTES.

SIXTES.

SEPTIÈMES.

OCTAVES.

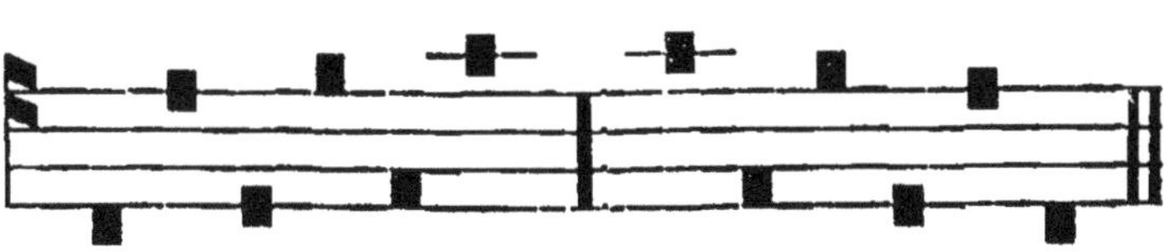

NEUVIÈMES.

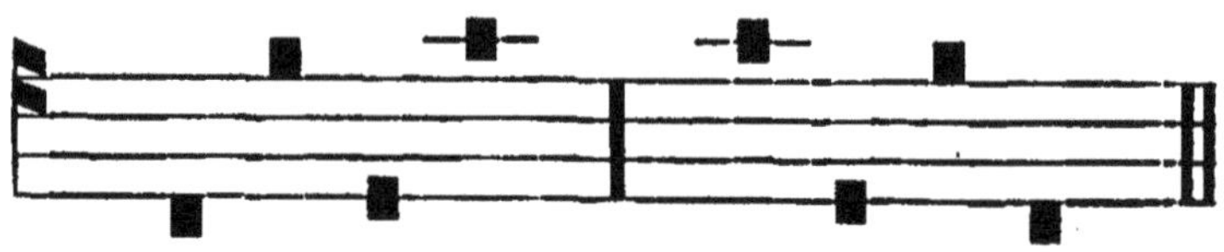

Le plain-chant n'étant composé que de ces différentes gammes, et pouvant monter seulement deux ou trois notes plus haut et descendre deux ou trois notes plus bas, comme on le verra ci-après, il est clair que celui-là le connaîtrait parfaitement qui aurait une idée juste et précise des demi-tons, des tons, des tierces, des quartes, des quintes, des sixièmes, des septièmes, des octaves, des neuvièmes, des dixièmes, onzièmes et douzièmes, et qui saurait les bien exécuter.

Ainsi, la vraie manière d'apprendre le chant est de s'appliquer à concevoir cette idée juste et à faire tous les tons et demi-tons sur toutes sortes de notes, depuis l'*ut* jusqu'au *sol* de la seconde octave : c'est-à-dire une octave plus une quinte, étendue ordinaire des voix. Il faut, pour cela, s'exercer à bémoliser les *si* bémols qui se rencontrent souvent dans le chant, et les *mi*, qui quelquefois aussi doivent être bémolisés ; et à diéser toutes les notes qui peuvent et doivent être diésées. Pour faciliter cette étude, nous donnerons plusieurs exercices, que nous allons faire précéder de quelques leçons pour apprendre à marquer la mesure et à lire les notes sur la clef de *fa* et la clef d'*ut* sur la la troisième ligne.

EXERCICES

POUR APPRENDRE A BATTRE LA MESURE ET A FAIRE LES TONS ET DEMI-TONS SUR TOUTES LES NOTES.

N° 1.

Leçon avec des Longues doubles.

Cette mesure se bat à deux temps.

On ne doit articuler qu'une des deux notes liées ensemble par un petit crochet posé au-dessus.

N° 2.

Leçon avec des Notes carrées simples.

Cette mesure se bat à deux ou quatre temps.

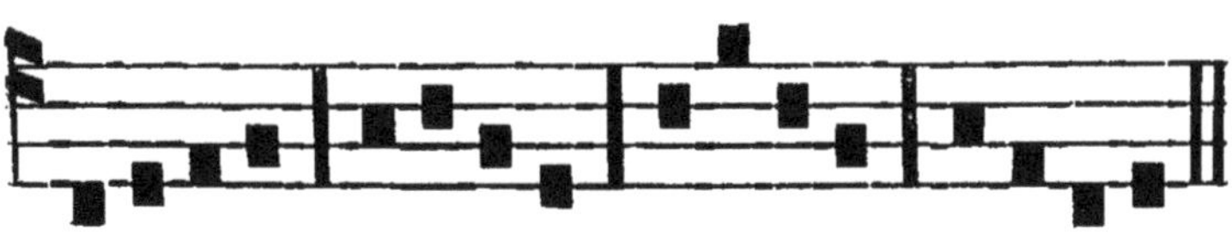

N° 3.

Leçon avec des Longues barrées, ou Longues à queue.

Cette mesure, usitée pour les proses et quelques hymnes, se bat à deux temps, une note pour chaque temps.

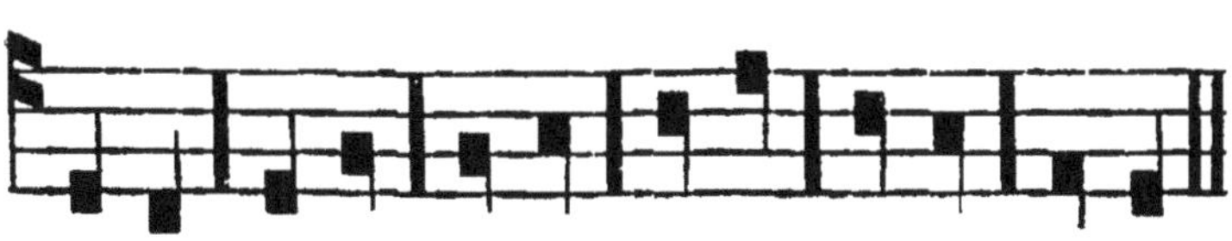

N° 4.

Leçon avec des Brèves.

La même mesure qu'au numéro 3. Elle se bat à deux temps, trois brèves valant une longue barrée.

N° 5.

Leçon pour se familiariser avec la clef d'UT sur la troisième ligne.

Gammes dans le ton d'*ut* majeur, pour toute l'étendue de la voix.

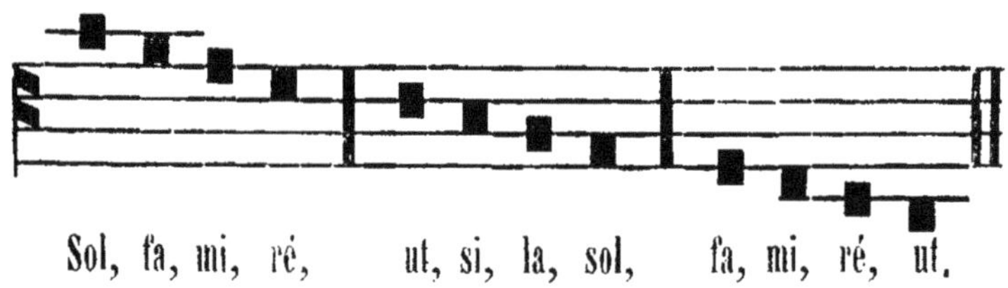

N° 6.

Longues et Brèves.

N° 7.

Leçon pour se familiariser avec le MI bémol

QUI SE RENCONTRE QUELQUEFOIS, MAIS RAREMENT, DANS LE PLAIN-CHANT

Clef de *Fa*.

N° 8.

Gammes dans le ton de SOL majeur avec le FA dièse.

N° 9.

Gamme en RÉ mineur, relatif de FA majeur.

Ut dièse et *Sol* dièse.

Ces exercices se retrouveront dans les pièces de chant notées ci-après.

CHAPITRE IV

DE L'APPLICATION DE LA LETTRE AUX NOTES

Appliquer la lettre aux notes, c'est chanter la lettre sur le ton et la mesure des notes. Pour cela, il faut avoir appris à bien solfier, et avoir toujours, en chantant la lettre, l'idée de la note sur laquelle on chante. Il faut, par conséquent, n'en perdre jamais de vue ni le nom ni le ton. Dans beaucoup de pièces de chant, les notes étant presque toutes égales, on peut se dispenser de séparer les mesures par des barres. C'est pourquoi nous n'en mettons point dans les deux exercices suivants, si ce n'est à la fin des versets et des phrases. Dans le chant de quelques hymnes et de quelques proses ou séquences, la séparation des mesures est essentielle : comme on le voit dans les hymnes et proses notées à la fin de ce petit ouvrage.

Plus d'un lecteur trouvera, sans doute, que nous sommes tombés dans de fréquentes répétitions. Nous dirons pour excuse, que c'est un inconvénient inévitable dans un ouvrage purement élémentaire, et que ces répétitions et redites sont utiles, surtout aux élèves qui commencent.

EXERCICES

POUR APPRENDRE A APPLIQUER AUX NOTES LA LETTRE OU LES MOTS

Il faut toujours avoir soin de solfier chaque morceau avant de l'appliquer.

HYMNE D'ACTION DE GRACES

DU 3e TON.

En *Mi* mineur, relatif de *Sol* majeur.

Cette belle mélodie est d'une exécution très-facile, et convient aux commençants.

Gamme mineure en *Mi* mineur.

On fait un silence de la valeur d'une note carrée, au milieu et à la fin de chaque verset.

Te De - um lau - da - mus : te

Do-mi-num con-fi-te-mur. Te æ-ternum

Pa - trem omnis ter-ra ve-ne-ra-tur.

Ti - bi omnes An-ge-li : ti-bi cœ-li

et u-ni-ver-sæ po-te-sta-tes : Ti-bi
Che-ru-bim et Se-raphim in-ces-sa-bi-
li vo-ce pro-cla-mant : San - ctus,
San - ctus, San - ctus Do-mi-nus
De-us Sa-ba-oth. Ple-ni sunt cœ-li
et ter-ra ma-je-sta-tis glo-ri-æ
tu-æ. Te glo-ri-o-sus A-po-sto-
lo-rum Cho-rus. Te Prophe-ta-rum

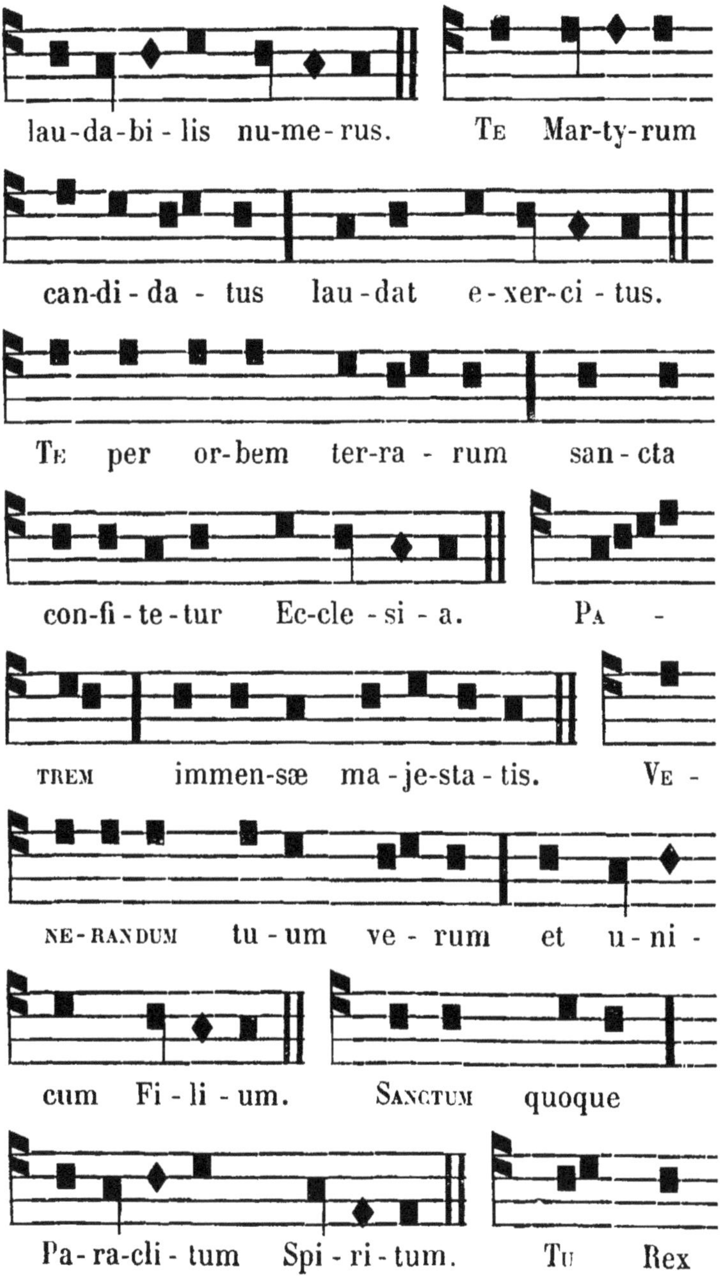
lau-da-bi-lis nu-me-rus. Te Mar-ty-rum
can-di-da-tus lau-dat e-xer-ci-tus.
Te per or-bem ter-ra-rum san-cta
con-fi-te-tur Ec-cle-si-a. Pa-
trem immen-sæ ma-je-sta-tis. Ve-
ne-randum tu-um ve-rum et u-ni-
cum Fi-li-um. Sanctum quoque
Pa-ra-cli-tum Spi-ri-tum. Tu Rex

glo - ri - æ, Chri - ste. Tu Pa - tris
sempi - ternus es Fi - li - us. Tu ad
li - be - randum su - sceptu - rus ho-mi - nem,
non hor-ru - i - sti Vir-gi - nis u - te - rum.
Tu, de - vi - cto mor - tis a - cu - le - o,
a - pe - ru - i - sti cre-den-ti-bus regna cœ -
lo - rum. Tu ad dex-te - ram De - i
se - des : in glo - ri - a Pa - tris.

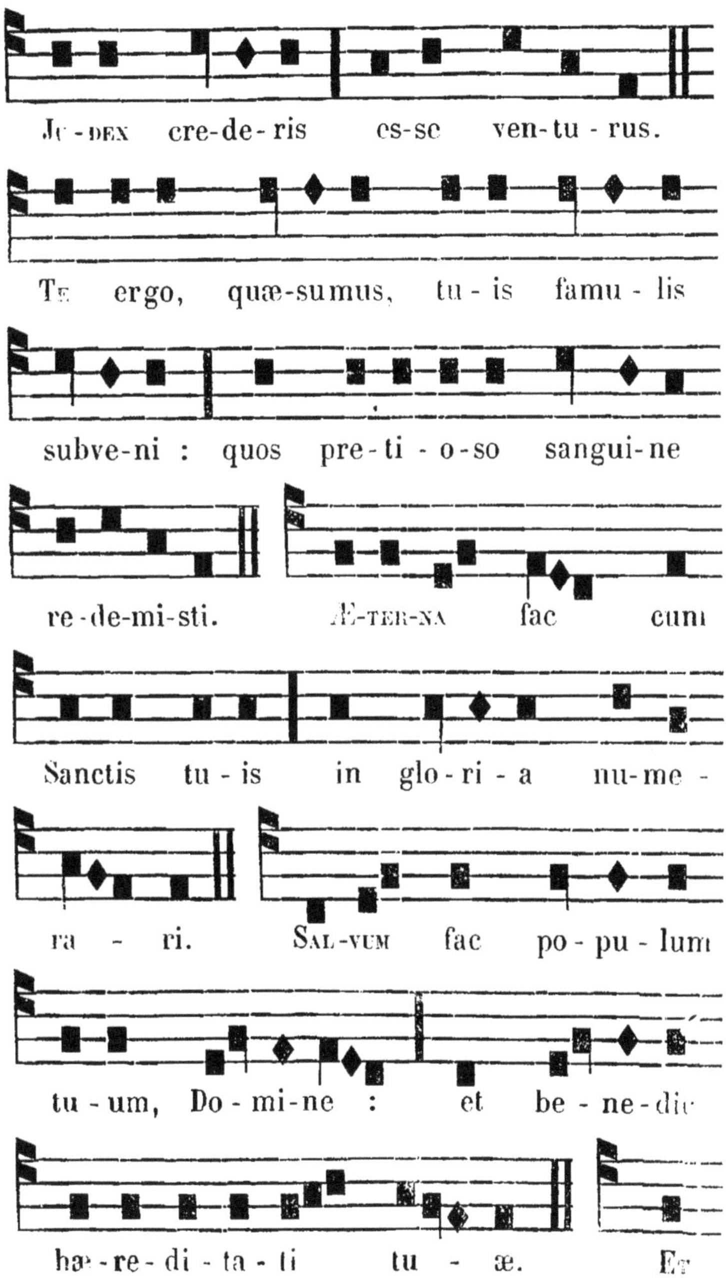
Ju - dex cre-de-ris es-se ven-tu - rus.
Te ergo, quæ-sumus, tu - is famu - lis
subve-ni : quos pre-ti - o-so sangui-ne
re-de-mi-sti. Æ-ter-na fac cum
Sanctis tu - is in glo-ri - a nu-me -
ra - ri. Sal-vum fac po - pu - lum
tu - um, Do - mi-ne : et be - ne-dic
hæ-re-di - ta - ti tu - æ. Et

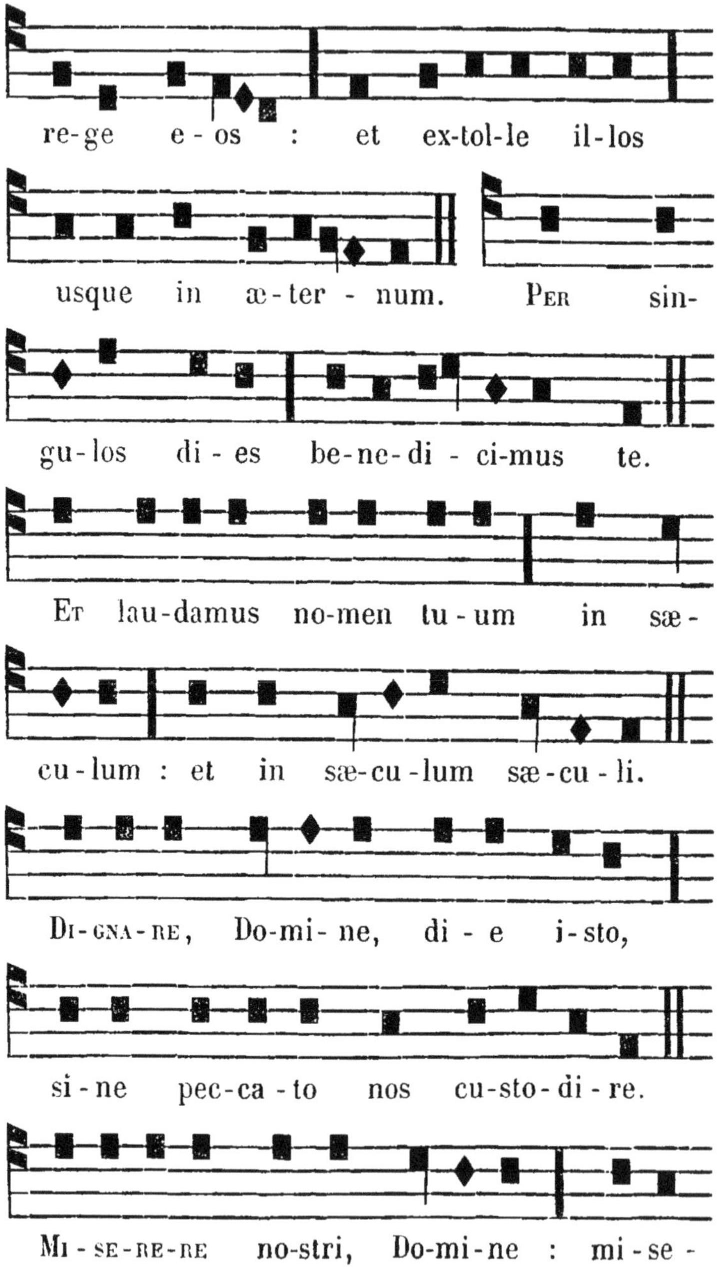
re-ge e - os : et ex-tol-le il-los
usque in æ - ter - num. Per sin-
gu-los di - es be-ne-di - ci-mus te.
Et lau-damus no-men tu - um in sæ-
cu-lum : et in sæ-cu-lum sæ-cu-li.
Di-gna-re, Do-mi-ne, di - e i-sto,
si-ne pec-ca-to nos cu-sto-di-re.
Mi-se-re-re no-stri, Do-mi-ne : mi-se-

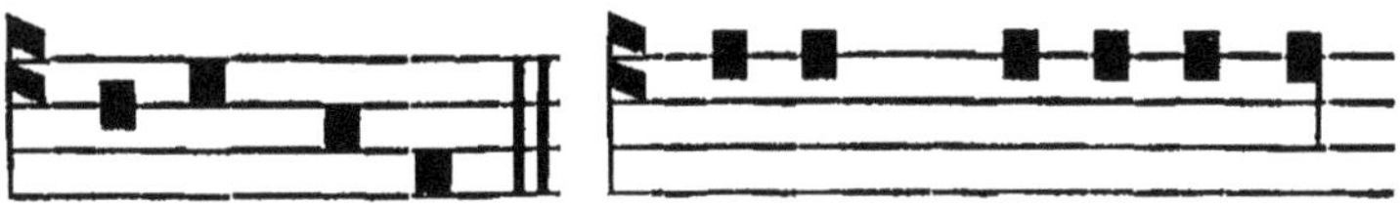

re-re nostri. Fi - at mi-se-ri-cor-

di - a tu - a, Do-mi-ne, su-per nos,

quem-admo-dum spe - ra-vi-mus in te.

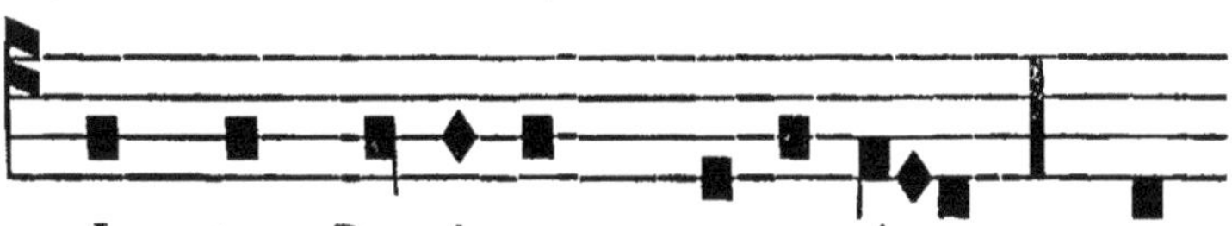

In te, Do-mi-ne, spe-ra - vi : non

con - fun - dar in æ - ter - num.

INTROIT DE LA FÊTE DU TRÈS-SAINT SACREMENT

DU 2e TON.

En *Ré* mineur relatif de *Fa* majeur.

GAMME MINEURE.

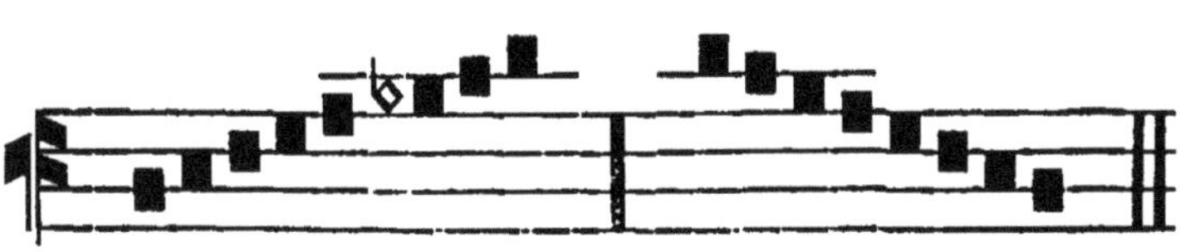

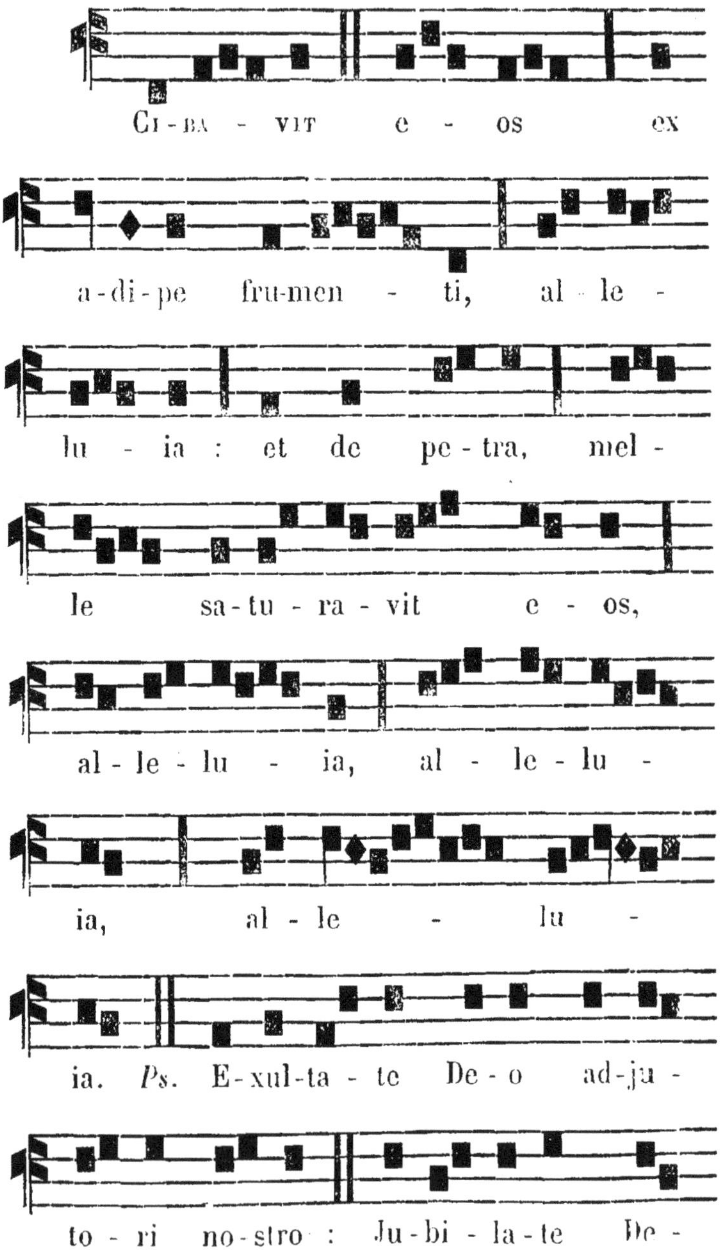
Ci-ba - vit e - os ex
a-di-pe fru-men - ti, al - le -
lu - ia : et de pe-tra, mel -
le sa-tu-ra-vit e - os,
al-le-lu - ia, al - le-lu -
ia, al - le - lu -
ia. Ps. E-xul-ta-te De-o ad-ju -
to - ri no-stro : Ju-bi-la-te De -

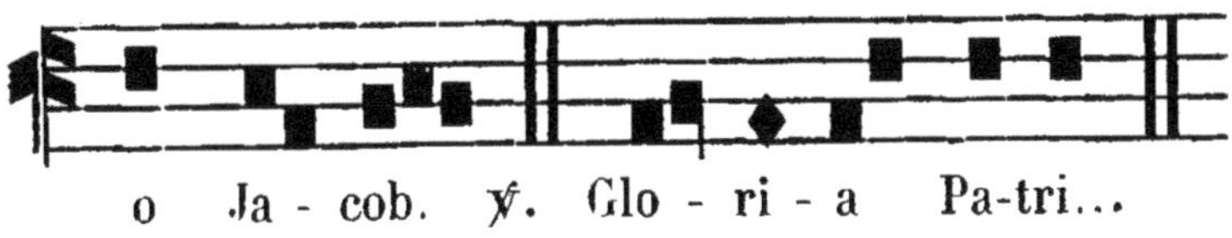

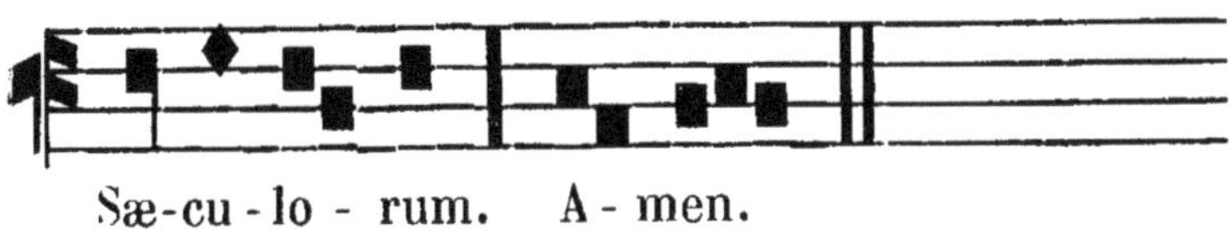

OBSERVATION.

Tout élève qui possédera parfaitement les deux morceaux qui précèdent, ainsi que les gammes notées ci-dessus, pourra facilement s'exercer sur toute sorte de pièces contenues dans les Graduels et Antiphonaires, et sur les morceaux qui se trouvent à la fin de cet ouvrage.

CHAPITRE V

DE LA NÉCESSITÉ ET DE LA MANIÈRE DE CHANTER A L'UNISSON ET DE LA NATURE, DU NOMBRE, DE L'ORIGINE ET DE LA FORMATION DES TONS OU MODES DU PLAIN-CHANT

A l'époque de l'invention du chant ecclésiastique romain, l'Église était riche en hommes de foi et de génie. Un bon nombre des églises qu'on avait pu construire jusqu'alors étaient pourvues d'un nombreux et habile et zélé personnel ; on avait des voix dont l'étendue dépassait de plusieurs degrés, tant en haut qu'en bas, la portée naturelle des sept notes *ut*, *ré*, *mi*, *fa*, *sol*, *la*, *si*. De là l'utile emploi de la clef de *fa*, pour les morceaux composés pour les voix basses, et de la clef d'*ut* sur la troisième ligne, pour les pièces qui devaient être chantées par les voix hautes.

Mais les églises se multiplièrent depuis cette glorieuse époque; et, pour cette cause et pour d'autres encore, elles se trouvèrent, pour la plupart, peu riches en personnel chantant. On fut obligé de ramener à un diapason moyen toutes les pièces de chant, afin de les mettre à la portée de tout le chœur, en leur laissant toujours leur caractère et leur beauté mélodique. On mit toutes les dominantes sur la même corde, à l'unisson. On abaissa toutes les dominantes élevées et on remonta les basses. Ainsi, chanter à l'unisson, c'est chanter toutes les dominantes comme si tous les tons avaient pour dominante la même note.

On doit surtout chanter à l'unisson tous les psaumes, cantiques et antiennes d'un même office, afin de ne pas troubler l'attention et la sainte quiétude des fidèles qui prient avec le chœur, et de ne pas blesser la délicatesse de leurs oreilles par un brusque et désagréable changement de ton.

Pour observer cette règle, il est nécessaire de connaître la dominante de chacun des *tons* ou *modes* usités dans le plain-chant. Nous allons indiquer les dominantes, ainsi que les *finales*, dont la connaissance n'est pas d'une moindre importance, pour ne rien dire de plus.

On a l'habitude de compter huit *tons* ou *modes* dans le plain-chant.

Ici, *ton* ne signifie plus, comme nous l'avons dit précédemment, la distance d'un degré à un autre degré; mais les tons ou modes indiquent les différentes sortes de modulations mélodiques obtenues par les diverses combinaisons et modifications des sept notes *ut*, *ré*, *mi*, *fa*, *sol*, *la*, *si*.

Il y a donc huit *tons*, qui sont les premier, deuxième, troisième, quatrième, cinquième, sixième, septième et huitième, autant que de notes dans la gamme radicale dont on obtient l'*octave*, en répétant la première note. Cette distinction purement numérique des *tons* vient apparemment de la différence des intonations et médiations des psaumes et cantiques de l'office divin. Mais cette distinction ou division des *tons* ne nous paraît pas très-satisfaisante, très-rationnelle; car on pourrait demander : Pourquoi huit tons, ni plus, ni moins? Pourquoi le premier est-il le premier, le second le second, ainsi de suite? On dira sans doute : Parce qu'il y a huit sortes d'intonations et médiations. Mais, qu'on veuille bien l'observer : ces huit sortes d'intonations et médiations ne sont pas autre chose que huit airs différents, et, s'il pouvait y avoir autant de tons que d'airs, nous pourrions avoir mille tons!!!... La seule réponse que nous puissions faire à cette question : Pourquoi huit tons? est celle-ci :

Sic voluere Patres.

C'est assez pour nous commander le plus profond respect, si cette distinction vient des inventeurs du chant, ce dont nous nous permettons de douter. En tous cas, notre respect ne nous défend pas, croyons-nous, d'admettre et de signaler une autre généalogie, une autre nature, une autre division des *tons*, plus rationnelle, ce nous semble, et plus fondée sur la nature des choses.

Nous dirons donc premièrement : que les *tons* viennent des *notes*, comme les mots viennent des lettres.

Nous dirons secondement, et nous démontrerons, qu'il n'y a que quatre *tons* ou *modes* dans le chant liturgique romain. Ces quatre *tons* sont formés des quatre finales *ré*, *mi*, *fa*, *sol*, attribuées aux huit tons; une pour deux tons.

Indiquons et définissons d'abord ces finales et les dominantes.

La dominante d'une pièce de chant, c'est la note la plus rebattue, la plus fréquemment répétée. En musique, c'est toujours la quinte. Dans les huit tons du plain-chant, c'est ou la quinte, ou la tierce, ou la quarte, ou la sixième. Pour le premier ton, c'est la quinte *la;* pour le deuxième, la tierce *fa;* pour le troisième, la sixième *ut;* pour le quatrième, la quarte *la;* pour le cinquième, la quinte *ut;* pour le septième, la quinte *ré*, et pour le huitième, la quarte *ut*.

La finale, dans le système des huit tons, est la note qui finit, qui termine une pièce de chant. Il y en a quatre : *ré* pour les premier et deuxième tons; *mi* pour les troisième et quatrième; *fa* pour les cinquième et sixième; et *sol* pour les septième et huitième.

Dans notre système, la finale est bien aussi la note qui termine un morceau; mais c'est encore autre chose que cela, et bien autre chose! C'est la tonique; c'est-à-dire : la note mère, la note radicale, principale, fondamentale d'un ton.

Il n'y a que quatre tons, dans le chant liturgique romain. Qu'ils soient notés sur la clef d'*ut* ou sur la clef de *fa*, cela ne fait rien à la tonalité. Ces quatre tons sont le ton de *ré*, le ton de *mi*, le ton de *fa* et le ton de *sol*.

En musique, quand il n'y a ni dièse ni bémol à la clef, le chant est en *ut* majeur, ou en *la* mineur, son relatif.

La gamme du ton majeur commence par la tierce majeure; la gamme du ton mineur commence par la tierce mineure. Nous parlons de la gamme ascendante. Outre le ton d'*ut* majeur ou *la* mineur, il y a sept tons diésés majeurs avec chacun leur ton mineur relatif, et sept tons bémolisés majeurs avec leur mineur relatif; ce qui fait quinze tons majeurs et quinze tons mineurs. La musique instrumentale peut facilement se servir de tous ces tons, en employant deux octaves, pour faire de chacun des degrés de la première octave une *tonique*, le point de départ d'une gamme.

Mais la voix humaine moyenne n'a que l'étendue d'une octave, plus une quinte.

Voilà pourquoi les inventeurs du plain-chant n'ont eu besoin que de quatre tons, outre le ton d'*ut*, sur lequel, on ne sait pourquoi, pas un seul morceau liturgique n'a été composé. Nous n'avons jamais vu, dans le ton d'*ut*, qu'une messe et le *Credo* de Le Clerc, que l'auteur dit du cinquième ton transposé (cinquième ton transposé, c'est sonore) ! et qui se trouve dans un recueil imprimé à Caen, en 1808, avec la permission de Mgr l'Évêque de Bayeux.

Ainsi les illustres auteurs du chant romain n'ont composé que sur les quatre tons, en *ré* mineur, relatif de *fa* majeur ; *mi* mineur, relatif de *sol* majeur; *fa* majeur et *sol* majeur. Ils ont laissé la tonique *ut*, et ils ont pris les quatre toniques *ré*, *mi*, *fa*, *sol*.

Le premier et le deuxième des huit tons sont en *ré* mineur; le troisième et le quatrième en *mi* mineur; le cinquième et le sixième en *fa* majeur, et le septième et le huitième en *sol* majeur.

Ceci explique notre théorie des dièses et des bémols, que l'on trouve, et que l'on doit trouver dans le plain-chant, lequel ne s'éloigne pas, et ne doit jamais s'éloigner des principes de la musique.

Dans le ton de *ré* mineur, l'*ut*, note sensible, septième degré de l'octave, faisant avec le *ré* le deuxième demi-ton de l'octave, est naturellement diésé. Dans le ton de *mi* mineur le *ré* est diésé. Dans le ton de *fa* majeur, le *si* est naturellement bémolisé, comme on le voit aux cinquième et sixième des huit tons ; et, dans le ton de *sol* majeur, le *fa* est diésé.

Le *mi* bémol n'est qu'accidentel dans le plain-chant. On n'a pas pris d'autres toniques, parce que la portée ou l'étendue de la voix n'en comporte pas d'autres.

OBSERVATION.

Si notre méthode eût été appliquée aux usages particuliers d'un diocèse quelconque, nous aurions dû indiquer ici la manière de chanter les diverses parties de l'office divin; mais, notre unique but étant d'expliquer et de développer les principes élémentaires du chant romain en général, nous nous contenterons de dire qu'à cet égard on doit se conformer aux Missel, Graduel, Processionnal et Antiphonaire de chaque diocèse respectif.

CHAPITRE VI

EXERCICES

SÉQUENCE DU SAINT JOUR DE PAQUES

DU 1er ET DU 2e TON.

En *Ré* mineur.

lent Chri-sti - a-ni. Agnus re-de-mit
o-ves : Chri-stus inno-cens Pa-tri
Re-con-ci-li - a-vit pec-ca-to-res. Mors
et vi-ta du-el-lo Confli-xe-re mi -
rando : Dux vi-tæ mor-tu-us re-gnat
vi-vus. Dic no-bis Ma-ri - a,
Quid vi-di-sti in vi - a? Se-pulchrum
Chri-sti vi-ven-tis : Et glo-ri-am vi-di

re-surgen-tis. AN-GE-LI-COS te-stes,
Su-da-ri-um et ve-stes. SUR-RE-XIT
Chri-stus spes me-a : Præ-ce-det vos
in Ga-li-læ-am. SCI-MUS Chri-stum
sur-re-xis-se A mor-tu-is ve-re :
Tu no-bis, vi-ctor Rex, mi-se-re-re.
A-men. Al-le-lu-ia.

SÉQUENCE DE LA PENTECOTE

DU 1er TON.

En *Ré* mineur. Mesure à 2 temps.

op - ti-me, Dul-cis ho - spes a - ni-mæ,
Dul-ce re - fri - ge - ri - um.
4. In la-bo-re re - qui - es, In æ-stu
tem - pe - ri - es, In fle-tu so - la -
ti - um. 5. O lux be - a - tis -
si-ma, Re-ple cordis in-ti-ma Tu -
o - rum fi - de - li - um. 6. Si - ne
tu - o nu-mi-ne, Ni-hil est in

ho-mi-ne, Ni - hil est in - no -
xi - um. 7. La-va quod est sor -
di-dum, Ri-ga quod est a - ri-dum,
Sa-na quod est sau-ci - um. 8. Fle-cte
quod est ri - gi - dum, Fo- ve quod
est fri - gi- dum, Re-ge quod est
de-vi - um. 9. Da tu-is fi - de-li -
bus, In te con - fi - den-ti - bus,

Tout pour la plus grande gloire de Dieu et l'édification de sa sainte Église.

LE SAINT JOUR DE PAQUES

APRÈS COMPLIES.

Le chœur répéte trois fois : *Alleluia.*

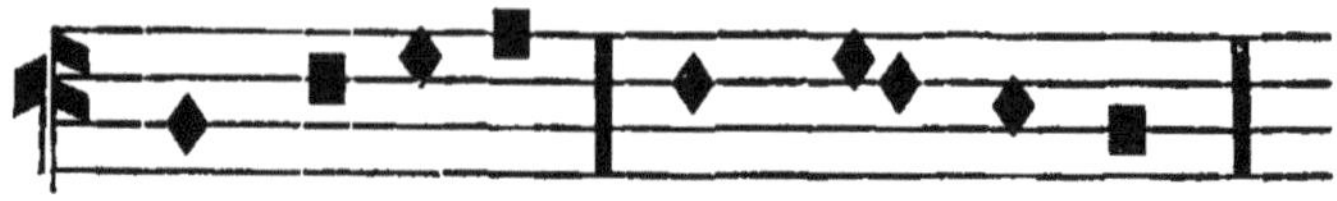

O Fi-li-i et Fi-li-æ,

Rex cœ-le-stis, Rex glo-ri-æ,

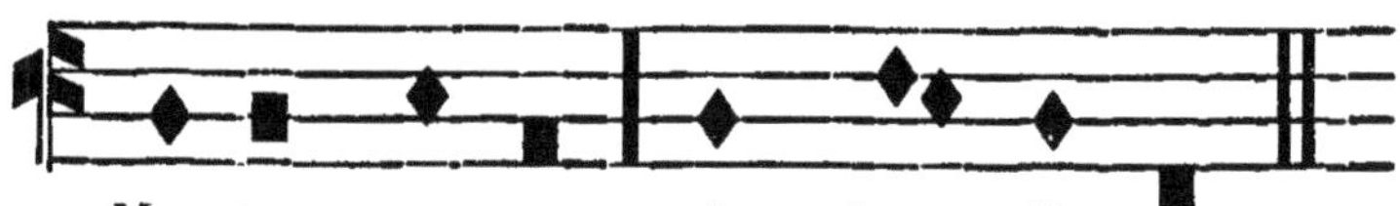

Mor-te sur-re-xit ho-di-e.

Al-le-lu-ia.

Les autres strophes se chantent de même, et à la fin de chaque strophe le chœur répète trois fois : *Alleluia*.

HYMNE DU COMMUN DES CONFESSEURS

DU 1er TON.

En *Ré* mineur.

Iste Con-fes-sor Do-mi-ni, co-

lentes, Quem pi-e lau-dant po-

Ainsi se chantent toutes les strophes de la même hymne et toutes celles des hymnes de la même mesure.

PARIS. — IMP. SIMON RAÇON ET COMP., RUE D'ERFURTH, 1.

www.ingramcontent.com/pod-product-compliance
Ingram Content Group UK Ltd.
Pitfield, Milton Keynes, MK11 3LW, UK
UKHW032000260826
14628UKWH00005B/2176

9 782329 424545